Christoph Müller OSB

Benedikt für Anfänger

Christoph Müller OSB

Benedikt
für Anfänger

Lebensweisheiten aus dem Kloster

Mit Zeichnungen von Renato Compostella

Tyrolia-Verlag · Innsbruck-Wien

MIX
Papier aus verantwortungsvollen Quellen
FSC® C014138
www.fsc.org

Mitglied der Verlagsgruppe „engagement“

3. Auflage 2022

Lektorat: Mag. Klaus Gasperi, A-6835 Muntlix
Umschlaggestaltung: Tyrolia-Verlag, unter Verwendung eines Bildes der Abtei Münsterschwarzach
Zeichnungen im Innenteil: Renato Compostella
Layout und digitale Gestaltung: Tyrolia-Verlag, Innsbruck
Druck und Bindung: FINIDR, Tschechien
ISBN 978-3-7022-3201-6 *(gedrucktes Buch)*
ISBN 978-3-7022-3219-1 *(E-Book)*
E-Mail: buchverlag@tyrolia.at
www.tyrolia-verlag.at

INHALT

ZUR EINSTIMMUNG

„Mach mir doch bitte ein paar Zeichnungen dazu", bat ich einen Schüler namens Renato und drückte ihm gleich ein Blatt mit Texten aus der Benediktsregel in die Hand. Renato war an der ganzen Stiftsschule für seine Karikaturen bekannt. Man schrieb das Jahr 1980. Wir Benediktiner in Einsiedeln und auf der ganzen Welt feierten gerade den 1500. Geburtstag unseres Ordensgründers. Daher wollte ich meiner Schulklasse die Regel Benedikts etwas näherbringen und durfte dabei auf Renatos Hilfe zählen.

Inzwischen habe ich den Schuldienst mit der Pfarrseelsorge vertauscht. Nach meiner Pilgerreise zum Grab des hl. Jakobus im Sommer 2003 erfolgte sogleich die Übersiedlung meiner Siebensachen in eine Pfarre des Großen Walsertales (Vorarlberg). Dabei stieß ich zufällig auf die Karikaturen von Renato. Sie gefielen mir nach wie vor, und ich beschloss, sie mit einem kurzen Kommentar zu versehen.

Benedikt schrieb seine Regel für Mönche. Daher benütze ich die männliche Form. Aber selbstverständlich sind auch die Leserinnen angesprochen. Immerhin hatte Benedikt eine leibliche Schwester, die Nonne war und die er alljährlich einmal besuchte. Vermutlich sind die Einfühlungsgabe und das feine Gespür für den Menschen, welche die Benediktsregel auszeichnen, auch eine Frucht dieser geschwisterlichen Gespräche.

Wer dieses Buch zur Hand nimmt, ohne selber in einem Kloster zu leben, wird überrascht sein, wie aktuell diese Texte sind. Benedikt steht mit beiden Füßen auf dem Erdboden. Er hält nichts von utopischen Idealen. Es geht ihm um die alltägliche Einübung der Achtsamkeit Gott und den Mitmenschen gegenüber. Und damit verbunden um die Bereitschaft, kontinuierlich an sich zu arbeiten, sei es in einer klösterlichen Gemeinschaft oder anderswo. Er hat dabei, wie er am Schluss extra erwähnt, nicht Profis vor Augen, sondern Anfänger.

Im Jahre 1964 hat Papst Paul VI. den hl. Benedikt zum Patron Europas erhoben. So ist es sicher angebracht, die ausgesuchten Regeltexte in wenigstens drei europäischen Sprachen wiederzugeben: in lateinischer Sprache, weil es die Sprache Benedikts ist und weil sie die abendländische Kultur entscheidend mitgeprägt hat. Auf Deutsch, weil sich viele Benediktinerklöster im deutschen Sprachraum befinden. Und schließlich in einer helvetischen Mundart, da der Schweizer Dialekt in seiner charmant-ungehobelten Art zum Schmunzeln und Nachdenken anregt.

Blons, im Sommer 2012 *P. Christoph Müller OSB*

1. MIT DEM HERZEN HÖREN

Aus dem Gewirr der vielen Stimmen das Wesentliche herausfangen

„Höre!" – Mit dieser klaren Aufforderung beginnt die Benediktsregel. Es ist wie der Startschuss zu einem Rennen: „Höre!" wird jedem zugerufen, der sich auf den Weg machen will. Gemeint ist zunächst ein Hören mit den Ohren. Doch es soll zu einem Hören mit dem Herzen werden.

Schwerhörige halten oft die Hand hinter das Ohr und neigen es ein wenig nach vorne, um besser zu verstehen. Genau das soll auch mit dem Herzen geschehen, sagt Benedikt: „Neige das Ohr deines Herzens!" Zuerst also hören – und das Gehörte dann beherzigen.

Das Überhören und das Vergessen-Können sind heutzutage freilich eine Wohltat. Tagtäglich dringt eine Fülle von Informationen, Erwartungen und Anforderungen auf uns ein. So kommt es, dass wir vieles gar nicht mehr hören oder es sofort wieder vergessen. Und doch: Im Gewirr der täglichen Geräusche und Stimmen gibt es Dinge, die uns ganz persönlich betreffen. Die dürfen wir nicht überhören. Da ist etwa eine kurze, aber unerwartete Begegnung; ein Gedanke, der plötzlich auftaucht; ein Wort, das uns eigenartig berührt. Diese Botschaften aus dem ganzen Lärm des Alltags herauszufangen und sie in unser Herz einzulassen, darum geht es Benedikt. Er gebraucht dafür das lateinische Wort „excipere", das sowohl „herausfangen" wie auch „beherbergen" bedeutet. All das, was für uns bestimmt ist, sollen wir „herausfangen" und ihm in unserem Herzen Raum geben. Von dort aus soll es dann konkret werden, greifbar und lebendig. Ein biblisches Paradebeispiel für diesen Vorgang ist die Verkündigung an Maria. Sie hört genau auf die Botschaft des Engels und beherbergt das Gehörte dann in ihrem Herzen. Schließlich nimmt dieses Wort in Mariens Schoß buchstäblich Hand und Fuß an und erblickt das Licht der Welt. Auch in uns möchte das Wort Fleisch werden. Anders als bei Maria, gewiss. Aber nicht weniger konkret. Im Jetzt und Heute. Auf unsere je eigene Art.

Obsculta, o fili, et inclina aurum cordis tui.

*

Höre, mein Sohn, und neige das Ohr
deines Herzens.

*

Los jetzt guet zue, du, und mach s'Herz wiit uf.
(Prolog, 1)

2. VERANTWORTUNG ÜBERNEHMEN

Doch ohne feines Gespür geht gar nichts!

Im ersten Moment sieht man bei einer Herde von Schafen nur weiß. Und bei einer Ansammlung von Benediktinern nur schwarz. Doch bei näherem Betrachten entpuppt sich die weiße und schwarze Masse als bunte Herde, bestehend aus lauter Individuen.

Wer im Kloster Abt wird, übernimmt die Verantwortung für die ganze Gemeinschaft. Diese aber besteht aus den verschiedensten Einzelcharakteren. „Das ist eine schwere Aufgabe", wusste schon Benedikt. Deshalb verlangt er, dass der Abt eine reife Persönlichkeit sei, die ruhig bleiben kann und „an der weder Argwohn noch Eifersucht nagen, da er sonst nie zur Ruhe kommt". Andernfalls sind schlaflose Nächte vorprogrammiert.

„Wie der Abt sein soll", lautet die Überschrift des Abtkapitels. Es geht also nicht darum, was der Abt alles können muss. Wenn Benedikt das Profil des Abtes beschreibt, so verwendet er fast ausschließlich Eigenschaftswörter. Es zählen nicht so sehr Erfahrung und Alter. Entscheidend ist, wie der Abt ist und was für einen Charakter er hat.

Vor allem muss ihm die „Discretio" zu eigen sein, die „Mutter aller Tugenden", wie Benedikt sie nennt. Man kann dieses Wort mit Unterscheidungsgabe übersetzen. Es geht um ein feines Gespür für das, was der Einzelne braucht. Natürlich müssen auch die Bedürfnisse der Gemeinschaft als Ganzes berücksichtigt werden. Die „Discretio" lässt den richtigen Ausgleich finden: hier die allgemeine Vorschrift, dort die konkrete Person; hier die Idealvorstellung, dort das im Moment Machbare. Die „Discretio" lehrt zu unterscheiden zwischen dem Wesentlichen und dem Nebensächlichen. So bewahrt sie den Abt vor Über- wie auch vor Untertreibung: „Der Abt ordne alles mit Maß, damit die Starken finden, wonach sie verlangen, und die Schwachen nicht weglaufen." Dabei geht es keineswegs um ein billiges Mittelmaß. Die Tüchtigen sollen in ihrem Streben durchaus weiterkommen und gefördert werden. Nur darf die Messlatte nicht so hoch angesetzt werden, dass die Schwächeren dabei abgehängt werden. Die Anforderung ist also groß: „Dem Charakter und der Fassungskraft jedes Einzelnen suche der Abt zu entsprechen. Er soll sich dabei allen so verständnisvoll anpassen, dass er sich am

Omnia temperet abbas.

*

Der Abt möge alles mit Maß ordnen.

*

De Abt mues es guets Gschpüri ha.

(Kap. 64, 19)

Gedeihen einer guten Herde erfreuen kann." Das erfordert vom Abt ein feines Fingerspitzengefühl. Immer wieder muss er sich auf neue Situationen und sich stets wandelnde Menschen einstellen.

Ging es früher in der Wirtschaft häufig nur um Gewinnmaximierung über Leichen hinweg, so erkennt man heute zunehmend die Bedeutung der zwischenmenschlichen Atmosphäre in einem Betrieb. Daher überrascht es nicht, dass heute auch Manager und Politiker in die Benediktsregel hineinschauen.

3. FRAGT DIE JUNGEN!

Denn eine Gemeinschaft muss für neue Ideen offen bleiben

Was heute immer häufiger vorkommt, gab es in der Menschheitsgeschichte so vermutlich noch nie: dass nämlich die Älteren die Jüngeren fragen müssen. Bei mir ist das meist bei Computerproblemen der Fall. Da muss ich regelmäßig bei Jugendlichen Hilfe holen.

Früher waren es immer die Alten, die den Jungen etwas beigebracht haben, sei es auf dem Bauernhof, in der Fabrik oder in der Kirche. In Letzterer haben auch heute noch fast ausschließlich alte Männer das Sagen.

Benedikt ist seiner und unserer Zeit voraus, wenn er bei wichtigen Beratungen vorsieht, dass auch die Jüngsten gefragt werden sollen. Normalerweise wird die Meinung der Jüngeren nicht sehr ernst genommen. Es fehle ihnen an Erfahrung, heißt es. Sie würden die Komplexität der Probleme nicht erkennen und zu wenig vernetzt denken.

Doch die Jungen sind in ihren Ideen oft spontaner als die Alten. Sie nehmen weniger Rücksicht auf Traditionen und nennen die Dinge beim Namen. Benedikt ist überzeugt, dass sich Gott gerade durch sie in die Entscheidungsfindung einbringen kann.

Bei den Beratungen im Kloster geht es ja nicht um das Durchsetzen der eigenen Meinung oder um die Aufrechterhaltung von Traditionen um jeden Preis. Im Mittelpunkt steht die Frage, was Gott hier und jetzt mit der Gemeinschaft vorhat. Was gereicht ihr im jetzigen Zeitpunkt zum Besten? Das aber offenbart der Herr oft einem Jüngeren – so jedenfalls lautet die eher unkonventionelle Ansicht Benedikts.

Saepe iuniori Dominus revelat quod melius est.

*

Der Herr offenbart oft einem Jüngeren,
was das Beste ist.

*

Was 's Bescht isch, flüschteret de Liäb Gott
öppen emol amene Jungen ii.
(Kap. 3, 3)

4. SICH VOM FREMDEN HERAUSFORDERN LASSEN!

Und gelegentlich über den eigenen Schatten springen

„Alle Gäst' sind gern gesehen, teils beim Kommen, teils beim Gehen", las ich einmal auf einem Wirtshausschild. Gewiss: Auch im Kloster gibt es Gäste, über deren Fortgehen man froh ist. Trotzdem nimmt die Gastfreundschaft für Benedikt höchste Priorität ein. Im Tiefsten ist sie Gottesdienst, denn im Gast wird Christus selber empfangen. Er wird einmal sagen: „Ich war fremd, und ihr habt mich aufgenommen" (Mt 25,35). Deshalb soll man sich vor den Gästen „tief verbeugen und ihnen alle Ehre erweisen".

Benedikt ist aber nicht naiv. Es gibt Gäste, die Verwirrung ins Kloster bringen. Und es gibt Brüder, die die Gäste für sich vereinnahmen. Da muss der Abt wachsam sein.

„Der Gast soll zuerst einmal zufrieden sein mit dem, was er antrifft", schreibt Benedikt. Doch „falls er mit Liebe und Demut eine begründete Kritik äußert, überlege der Abt klug, ob der Herr den Gast nicht eben deswegen hergeführt hat".

So etwas zu schreiben, erfordert menschliche Reife. Niemand hört gerne Kritik, weder als Einzelner noch als Gemeinschaft. Erst recht nicht von Seiten eines Gastes, von dem man Dankbarkeit erwartet. Wenn es ihm nicht passt, dann kann er ja wieder gehen!

Doch Benedikt weiß um die Gefahr, dass sowohl der Einzelne wie die Gemeinschaft selbstzufrieden werden. Da fehlt oft der selbstkritische Abstand. In solchen Fällen kann nur jemand helfen, der von außen kommt und auf Dinge hinweist, die man selber nicht oder nicht mehr bemerkt. Benedikt gibt zu bedenken: Hinter einer solchen Kritik könnte der Herr selbst am Werk sein.

In meiner 25-jährigen Tätigkeit als Lehrer an der Klosterschule habe ich hie und da von Seiten der Studentenschaft Kritik einstecken müssen. Darin die Stimme Gottes zu erkennen, kam mir damals kaum in den Sinn. Erst später fiel mir auf, wie zutreffend die Kritik sein konnte. Allerdings bekommt man sie, gerade von jugendlicher Seite, eher selten in einer Geschenkpackung serviert. Sie wird einem nicht hingehalten wie ein Mantel, in den man bequem hineinschlüpfen kann. Ganz im Gegenteil:

Hospites tamquam Christus suspiciantur.

*

Die Gäste sollen wie Christus
empfangen werden.

*

En Gascht söll mer ufnää,
wie wänn 's Jesus sälber wär.
(Kap. 53, 1)

Oft wird sie verletzend vorgebracht. Das erschwert ihre Annahme. Da muss man über den eigenen Schatten springen. Und darf dabei entdecken: Kritik ist eine wertvolle Hilfe, wenn man an sich selbst arbeiten will!

5. BLOSS NICHT MURREN!

Denn es gilt die Gemeinschaft zu schützen

Ist das Murren wirklich so schlimm? Gleich elf Mal ist in der Benediktsregel vom Murren die Rede. Soll man denn nicht mehr sagen dürfen, was man denkt? – Benedikt ortet im Murren eine Gefahr für die Gemeinschaft. Kritik lässt er durchaus zu. Beim Murren aber reagiert er empfindlich. Warum?

Das Murren spielt sich meist hinter dem Rücken des Betroffenen ab. Da wird nicht mit offenen Karten gespielt. Schleichend breitet sich der Bazillus aus und verpestet die Atmosphäre. So wird auch das gegenseitige Vertrauen untergraben. Probleme konstruktiv anzugehen ist dann kaum mehr möglich. Mit einer einzigen hämischen Bemerkung können Murrende einen Vorschlag abwürgen oder eine Person der Lächerlichkeit preisgeben.

Dabei geht es meist gar nicht um die Sache. Oft ist das Murren Ausdruck einer persönlichen Unzufriedenheit, deren Grund ganz woanders liegt als auf der sachlichen Ebene. Selbst wenn man auf die Forderungen eines Murrenden eingeht, hört die Unzufriedenheit meist nicht auf. Sie findet anderswo rasch wieder neue Nahrung. Im Kloster sind es gern die Vorgesetzten, die zur Zielscheibe des Murrens werden. Dabei liegt ihr einziger Fehler oft darin, dass sie eine Leitungsaufgabe übernommen haben, die sie sich selber nicht einmal ausgesucht haben.

Benedikts Sorge gilt aber nicht nur der Gemeinschaft, sondern auch den Murrenden selbst. Eine persönliche Intervention des Abtes erweist sich in solchen Fällen meist als kontraproduktiv. Daher schlägt Benedikt einen anderen Weg vor, der auch für Brüder gilt, die schon öfters zurechtgewiesen wurden. Der Abt soll ältere, erfahrene Mönche vorschicken, die den schwierigen Bruder möglichst diskret kontaktieren und ihn günstig zu beeinflussen versuchen. Dem Abt soll bei allem bewusst sein, „dass er die Sorge für gebrechliche Menschen übernommen hat, nicht die Gewaltherrschaft über Gesunde“. Er soll sich um den betreffenden Bruder gut kümmern, „damit er nicht in allzu tiefe Traurigkeit versinkt“. Man möge ihm gegenüber Liebe walten lassen und alle sollen für ihn beten.

Solcherart versucht Benedikt, den Murrenden und Problembeladenen entgegenzukommen und sie wieder in die Gemeinschaft zu integrieren. Gewiss,

Non esse murmuriosum.

*

Nicht murren.

*

Nöd a allem umenörgele.
(Kap. 4, 39)

es gibt eine Grenze: Wenn der Abt alles versucht hat und der Betreffende keinerlei Ansatz von gutem Willen oder Reue zeigt, soll man ihn aus dem Kloster weisen, „damit nicht ein räudiges Schaf die ganze Herde ansteckt“.

6. FLEISCH FÜR DIE KRANKEN!

Den Schwachen liebevoll begegnen, ohne sich ausnützen zu lassen

Warum gehört der Dienst an den Kranken zu den höchsten Pflichten im Kloster? Die Begründung ist die gleiche wie bei den Gästen: In den Kranken dient man Christus selbst. Denn er wird beim Letzten Gericht sagen: „Ich war krank, und ihr habt mich besucht" (Mt 25,36).

Daher trifft Benedikt besondere Vorkehrungen für die Pflege der Kranken. Sie werden in eigenen Räumen untergebracht und sollen dort von liebevollen Pflegern umsorgt werden. Sie kommen auch in den Genuss von Bädern und dürfen sogar Fleisch essen, was sonst nicht üblich ist.

Allerdings: Es gab und gibt Kranke, deren Pflege mühsam ist. Sei es wegen ihres Charakters, sei es wegen ihrer Krankheit oder aus einem anderen Grund. Wie soll man sich ihnen gegenüber nun verhalten? Muss man sich von schwierigen Patienten alles gefallen lassen, weil wir ja in ihnen Christus begegnen?

Eine schwierige Frage. Benedikt hält daran fest, dass die Kranken wie Christus zu behandeln sind. Aber gleichzeitig nimmt er die pflegenden Brüder in Schutz: „Die Kranken sollen jene, die ihnen dienen, nicht durch übertriebene Ansprüche betrüben." Falls die Situation aber trotz allem schwierig bleibt, hat Benedikt einen Trost parat. Gott wird, so verspricht er, den Krankenpflegern einen besonderen Lohn bereithalten. Freilich: Versprechungen lösen keine Probleme. Und dennoch: Ein solcher Trost aus dem Mund des Ordensvaters kann für den Pfleger eine innere Kraft und Stütze bedeuten. Er schützt vor Routine und Verhärtung.

Wir spüren hier, wie Benedikt stets um eine gute Atmosphäre besorgt ist. Keiner soll betrübt sein oder gar ausgelaugt werden. Hingabe bis zum „Gehtnichtmehr" tut niemandem gut. Benedikt weiß, dass es Grenzen gibt. Und diese sollen auch von denen, die der Pflege bedürfen, respektiert werden.

Infirmorum cura super omnia adhibenda est.

*

Die Sorge für die Kranken ist höchste Pflicht.

*

Für di Chranke isch nur 's Bescht guet gnueg.

(Kap. 36, 1)

7. VOM BEBAUEN UND HÜTEN

Warum für Benedikt Garten und Kirche zusammengehören

Benedikt ist es wichtig, dass die Mönche Selbstversorger sind und möglichst von ihrer eigenen Hände Arbeit leben. Deshalb sind benediktinische Klöster meist großzügig angelegt, damit sich gemäß der Regel alles Nötige innerhalb des Klosterareals befindet, nämlich Wasser, Mühle, Garten und Werkstätten für die verschiedenen handwerklichen Berufe.

Wo gearbeitet wird, braucht es Werkzeuge. Benedikt spricht nur beiläufig von ihnen. Er hält aber fest, dass diese wie heilige Altargefäße zu behandeln sind. Es geht ihm zunächst einmal um einen sorgfältigen Umgang mit den Alltagsgeräten, die man „nicht im Schmutz verkommen lassen soll". Doch es steckt mehr dahinter.

Für Benedikt gehören die Arbeit im Garten und das Wirken am Altar zusammen. Beide betrachtet er zutiefst als Gottesdienst. Denn schon im Schöpfungsbericht heißt es, dass der Mensch in den Garten des Paradieses gesetzt wurde, „damit er ihn bebaue und hüte". Wenn der Mönch nun im Garten arbeitet, führt er dort das Werk des Schöpfers fort. Und wenn er am Altar steht und in der Eucharistiefeier an die Frohbotschaft unseres Herrn erinnert, setzt er damit das Werk des Erlösers fort.

Benedikt hebt hier die Trennung von profanem und sakralem Tun auf. Im Kloster soll es überall darum gehen, Gott zu suchen und in seiner Gegenwart zu leben. Ganz egal, ob der Mönch in der Küche das Geschirr abwäscht oder am Altar den Kelch in seinen Händen hält: für Benedikt ist es beide Male Gottesdienst. Deshalb lässt der Mönchsvater den täglichen Gottesdienst wie auch den wöchentlichen Küchendienst mit dem gleichen Psalmvers beginnen: „O Gott, komm mir zu Hilfe. Herr, eile mir zu helfen."

Ein Blick auf das Evangelium zeigt, dass diese Auffassung Benedikts tief im Beispiel Jesu gründet. Das kommt besonders gut beim Letzten Abendmahl zum Ausdruck. Der Evangelist Johannes erzählt uns die Episode von der Fußwaschung. Da hält Jesus die schmutzigen Füße des Petrus in seinen Händen. Das Waschen der Füße galt damals als Sklavendienst. Die anderen drei Evangelisten legen den Fokus auf das Letzte Abendmahl. Dort hält Jesus den Kelch

Omnia vasa monasterii ac si altaris vasa sacrata conspiciat.

*

Man betrachte alle Geräte wie heilige Altargefäße.

*

Öb i de Werkstatt oder am Altar:
Zu allne Sache söll mer gliich guet Sorg ha.
(Kap. 31, 10)

in seinen Händen. In beiden Texten ruft Jesus ausdrücklich dazu auf, seinem Beispiel zu folgen. Bei der Einsetzung der Eucharistie fordert er die Jünger auf: „Tut dies zu meinem Gedächtnis!" Und bei der Fußwaschung sagt er: „Ein Beispiel habe ich euch gegeben, damit auch ihr so tut, wie ich getan habe."

Der Wahlspruch „Ora et Labora", der nicht auf Benedikt zurückgeht, ist ein Versuch, diese beiden Aspekte der benediktinischen Spiritualität auf den Punkt zu bringen. Es gibt aber ein lateinisches Verb, das dem Anliegen Benedikts meiner Meinung nach noch gerechter wird, nämlich das Verb „colere". „Colere, colo, colui, cultum" – gnadenlos paukte der alte P. Philipp uns jungen Studenten damals die Stammformen dieses Verbs ein. Seine drei deutschen Bedeutungen kamen mir zunächst völlig zusammenhanglos vor: 1. bebauen, bearbeiten; 2. pflegen, sorgen; 3. verehren, anbeten. Erst spät ist mir aufgegangen, dass dieses Wort, besonders in seiner Form „cultum", das Anliegen Benedikts treffend umschreibt: 1. Bebauen und Bearbeiten des Bodens, also Agri*kultur*; 2. Sorge und Pflege von Gebäuden, Malerei, Musik und Güter aller Art, also *Kultur* schlechthin; 3. Verehrung und Anbetung Gottes, also *Kult* im höchsten Sinn des Wortes.

8. DIE WEITE DES HERZENS ENTDECKEN

Mit Geboten als Wegweiser zum Leben

Die Worte „Gesetz“ oder „Gebot“ haben heute einen negativen Beigeschmack. Renatos Illustration lässt hier keinen Zweifel offen. Doch das war nicht immer so: Das jüdische Volk hatte eine andere Beziehung zu dem, was wir heute „Gebote“ nennen. Ich besitze ein Bild, das einen alten Rabbiner zeigt, wie er die Gesetzesrolle in seinen Händen hält. Zärtlich drückt er diese an sich. Er tut dies mit großer Innigkeit, ganz so, als hielte er seinen erstgeborenen Enkel in seinen Armen.

Für die Israeliten sind die Gebote ein kostbares Geschenk, das Gott seinem auserwählten Volk aus persönlicher Liebe gegeben hat. So besingt der Psalm 118 in über 170 Versen die Erhabenheit dieser göttlichen Weisungen. Sie sind „süßer als Honig“ und „kostbarer als Gold und Silber“. „Freude des Herzens" werden sie genannt und „Leuchte auf dem Weg". Diese Weisungen schenken Leben.

Diese Wertschätzung der Gebote mutet uns fremd an. Wir verbinden damit eher die unliebsame Einschränkung unserer persönlichen Freiheit. Das jüdische Volk aber sah in diesen Geboten helfende Wegweiser und sichere Leitplanken.

Vielleicht war auch Benedikts Familie jüdischen Ursprungs. Ein Hinweis darauf könnte der Name „Benedikt" sein, der dem hebräischen „Baruch" (= der Gesegnete) entspricht. Übrigens leitet sich auch der Vorname des aktuellen US-Präsidenten von „Baruch" ab, denn dieser Name wird im Arabischen mit „Barak" wiedergegeben. Wir wissen heute, dass es damals in Nursia, dem Geburtsort Benedikts, eine jüdische Gemeinde gab. Vielleicht liegt hier die Ursache, dass Benedikt die Gebote Gottes so positiv als Stützen auf dem Weg zum Leben wertet.

Keine Gemeinschaft kann ohne Gebote und Regeln leben. Doch die Vorschriften sind nicht um ihrer selbst willen da. Deshalb schreibt Benedikt: „Mit dieser Regel möchten wir nichts Hartes, nichts Schweres anordnen. Wird aber aus einem vernünftigen Grund eine etwas schwerere Forderung gestellt, so darfst du nicht vom Weg zurückschrecken, der am Anfang nicht anders als eng sein kann." Benedikt nennt in der Folge zwei vernünftige Gründe, weshalb

Dilatato corde curritur via
mandatorum Dei.

*

Mit weitem Herzen eilt man
auf dem Weg der Gebote Gottes.

*

Uf däm Wääg zu Gott cha eim 's
Härz ganz wiit wärde.
(Prolog, 49)

strengere Forderungen gestellt werden können. Erstens geht es um die Läuterung von persönlichen Fehlern, also um die Arbeit an sich selber. Und zweitens geht es um die Erhaltung der Liebe innerhalb der Gemeinschaft, das heißt um ein friedliches Zusammenleben. Sinn der Gebote ist es also, dem Einzelnen auf seinem persönlichen Weg zu helfen und gleichzeitig die Eintracht in der Gemeinschaft zu schützen.

Warum aber sollte jemand freiwillig diesen Weg der Gebote gehen? Was bringt das klösterliche Leben? Benedikt schreibt dazu im Vorwort seiner Regel: „Wer im religiösen Leben und im Glauben voranschreitet, dem wird das Herz weit. In der unsagbaren Freude der Liebe eilt er voran auf dem Weg der Gebote Gottes." Es ist seltsam. Der nüchterne Benedikt gerät hier geradezu ins Schwärmen und vergisst seine sonst so trockene Sprache. Das Ziel dieses Weges ist gerade nicht die Einschränkung, sondern im Gegenteil, die Weite des Herzens und die innere Freude.

Als Verantwortlicher für die Novizen las ich einmal mit ihnen diese Stelle. Da meinte einer: „Bei unseren alten Mönchen merkt man aber nicht gerade viel von dieser Freude und Weite des Herzens." Spontan schlug ich vor, sie sollten einen Senior in den Unterricht einladen, den wir darüber befragen wollten. So brachten sie am nächsten Tag den greisen P. Bonaventura mit, dessen ernste und mürrische Gesichtszüge nicht unbedingt von der Heiterkeit des Herzens zeugten.

„Ja, das stimmt, liebe Novizen, das stimmt, es ist so“, antwortete er zu unserer Überraschung. „Das Herz wird weit! Wahrscheinlich schaue ich selber nicht so drein. Ihr müsst wissen, ich habe große Probleme mit der Verdauung. Doch Benedikt hat schon recht: Das Herz wird im Laufe des Klosterlebens weit!“

Wir lernten aus dieser Begegnung, dass das Gesicht nicht zwingend ein Spiegelbild der Seele sein muss. Zumindest Christen mit Problemen im Verdauungstrakt sollten also von Nietzsches Forderung „erlöster müssten sie mir aussehen, die Christen“ ausgenommen werden.

9. EISERNE DISZIPLIN

Auch im Kloster fällt nicht alles vom Himmel

Benedikt schlägt im 7. Kapitel seiner Regel harte Töne an. Unverhohlen droht er mit der Hölle, wenn einer nicht spuren will. Um Angst einzuflößen, beschwört er sogar das Bild des allgegenwärtigen Gottesauges, das alles sieht. Wer Mönch werden will, soll sich keinen Illusionen hingeben: Ohne Schweiß kein Preis! Harte Arbeit an sich selber ist angesagt.

Wer es heutzutage im Sport oder im Studium zu etwas bringen will, weiß, dass es ohne konsequente Disziplin nicht geht. Mancher Student setzt sich selber Strafen, um sich anzuspornen. Er verzichtet etwa auf einen Teil seiner Ferien, wenn die Arbeit bis zu einem gewissen Zeitpunkt nicht unter Dach und Fach ist.

Benedikts harte Worte irritieren. Doch er setzt sie bewusst als Mittel zum Zweck ein. Denn sobald der Mönch im geistlichen Leben Fortschritte macht, nimmt Benedikt seine Drohungen zurück. Der Ton ändert sich. Durch die Gewöhnung geht plötzlich vieles von dem, was zunächst nur unter Druck zu erreichen war, wie von selbst. Benedikt spricht dann nicht mehr von Angst und Hölle, sondern von der Liebe. Echte Liebe, sagt er, kennt keine Angst vor der Hölle: „Sind einmal alle Stufen erstiegen, gelangt der Mönch bald zu jener Liebe, die die Furcht vertreibt. Alles, was er vorher nur mit Angst beobachtet hat, wird er kraft dieser Liebe zu halten beginnen, mühelos und wie aus Gewohnheit, nicht mehr aus Angst vor der Hölle, sondern aus Liebe zu Christus."

Letztlich geht es also auf dem geistlichen Weg nicht um Strafe und Hölle, sondern einzig um die Liebe, um eine persönliche Beziehung zu Christus. In einer solchen aber gibt es keine Furcht mehr. Davon zeugt der 1. Johannesbrief, den Benedikt an dieser Stelle zitiert: „Die vollkommene Liebe vertreibt die Furcht. Denn die Furcht rechnet mit Strafe. Wer sich also fürchtet, dessen Liebe ist nicht vollendet" (1 Joh 4,18).

Benedikt aber bleibt dabei: Das Ziel wird nur durch hartes Training erreicht. Die Fähigkeit zu lieben fällt einem nicht einfach in den Schoß. Sie muss eingeübt und erarbeitet werden. Das gilt besonders für die Nächstenliebe, die ja die konkrete Form der

Non pavore perterritus refugias viam initio.

*

Am Beginn des Weges weiche nicht
ängstlich zurück.

*

Muesch am Aafang vor Schreck
nöd grad wider abhaue.
(Prolog, 48)

Gottesliebe ist. Im täglichen Zusammenleben im Kloster stellt sie eine echte Herausforderung dar. Doch ehrliche Arbeit an sich selber führt nach der Meinung der Mönchsväter allmählich zur „Herzensruhe“, zu jenem Zustand der Ausgeglichenheit und der inneren Harmonie, der das Ziel aller geistlichen Bemühungen ist. Wer diese „Herzensruhe“ erreicht, wird in seinem Urteil mild und ist für andere ein barmherziger Weggenosse. Denn er weiß aus eigener Erfahrung, wie schwierig und mühsam die Arbeit an sich selbst sein kann.

10. DEN KANDIDATEN REINEN WEIN EINSCHENKEN

Und sie auf Herz und Nieren prüfen

Eigentlich müsste man sich freuen, wenn ein Interessent an die Klostertüre klopft. Doch Benedikt ist zurückhaltend, ja geradezu misstrauisch. Er weiß: Die Motive für den Eintritt ins Kloster stehen bisweilen auf schwachen Füßen. Manche kommen, weil sie vor persönlichen Problemen flüchten. Andere sind enttäuscht und fühlen sich den Herausforderungen des Lebens nicht gewachsen. Solche Beweggründe, das weiß Benedikt, würden auf Dauer nicht tragen. Alles Unverarbeitete und Verdrängte kommt mit dem Kandidaten ins Kloster hinein. Früher oder später macht es sich dort bemerkbar.

Bei der Aufnahme soll man zunächst gut darauf schauen, „ob einer wirklich Gott sucht". Das ist für Benedikt das erste und wichtigste Kriterium. Folgende drei Indizien lassen erkennen, ob es ein Kandidat mit der Gottsuche ernst meint:

1. Der Neue muss Eifer für den Gottesdienst haben, d. h. sowohl für das persönliche wie für das gemeinschaftliche Gebet. Wem diese vertikale Ausrichtung fehlt, der ist im Kloster am falschen Platz.
2. Er muss auch Eifer für den Gehorsam haben. Dabei geht es nicht um ein blindes Befolgen von Befehlen, sondern vielmehr um die Fähigkeit zu hören: auf Gott, auf den Abt, und auch auf die anderen Brüder, wie Benedikt eigens betont. Der Interessent muss willens sein, sich in die bestehende Gemeinschaft einzufügen. Das Ziel des Gehorsams ist nicht die Entmündigung des Einzelnen, um so einen möglichst reibungslosen Ablauf des klösterlichen Lebens zu garantieren. Das Kloster ist keine Kaserne, sondern ein „Haus Gottes", gibt Benedikt zu bedenken. Hier soll sich jeder Bruder wohlfühlen. Der Abt trägt die Verantwortung dafür, dass im Kloster niemand traurig oder verhärmt ist.
3. Unweigerlich bringt der Klosteralltag für den Kandidaten auch Widrigkeiten mit sich. Die Ursachen können einerseits bei den Mitbrüdern liegen, etwa aufgrund von Meinungsverschiedenheiten, von Neid oder mangelndem Fingerspitzenfühl. Auch die zugewiesenen Arbeiten können Verdruss bereiten, besonders jene, um die

Noviter veniens non ei facilis tribuatur ingressus.

*

Wenn einer neu eintreten will, werde ihm der Eintritt nicht zu einfach gewährt.

*

Wänn en Nöie wott cho, söll mer em nöd grad de root Teppich uusrolle.

(Kap. 58, 1)

sich niemand reißt, wie beispielsweise das Reinigen der Toiletten. Die prinzipielle Bereitschaft zu solchen Diensten ist für Benedikt ein entscheidendes Kriterium für die Zulassung eines Eintrittswilligen. Dabei geht es nicht darum, eine Person zu „verdemütigen“, wie man das früher nannte und auch praktizierte. Es geht vielmehr darum, sich die Haltung Jesu anzueignen. Als seine Jünger darüber stritten, wer der Größte sei, gab er zur Antwort: „Ich aber bin unter euch wie der Dienende“ (Lk 22,27).

11. WIE MAN DEN ZORN BESIEGEN KANN

Schwächen verhelfen zu mehr Menschlichkeit

Auf der Darstellung verschlägt es dem Abt die Sprache. Es ist wohl besser, wenn er vorerst ruhig bleibt und Bruder Athanasius erst fertig wüten lässt. Soll er ihm nachher die Leviten lesen? Ihm befehlen, seinen explosiven Charakter endlich abzulegen und ein anderer zu werden?

Wohl kaum, sofern der Abt mit der Lehre der Wüstenväter vertraut ist. Dann wird er ihm viel eher sagen: „Ich schätze dich, Bruder Athanasius, das weißt du. Nur wäre es von Vorteil, wenn du deine Energie positiv einsetzen könntest, statt dich in Wutausbrüchen auszutoben. Das wäre für dich und für uns alle ein großer Gewinn!"

Der Abt schätzt Bruder Athanasius, weil er zupacken kann und weil er seine Aufgaben mit Hingabe und Willenskraft erfüllt. Seine temperamentvollen Wutausbrüche sind gleichsam ein Nebenprodukt seiner impulsiven Veranlagung. Gewiss muss Bruder Athanasius in diesem Punkt noch an sich arbeiten. Aber er darf zunächst so sein, wie er ist, mit seinem Temperament, das er letztlich von Gott bekommen hat.

Die Wüstenväter der ersten christlichen Jahrhunderte waren erfahrene Psychologen. Ihr Menschenbild war positiv. Sie wussten aus der Bibel, dass Gott die Schöpfung schön und gut erschaffen hat. Dann aber kam es zum Sündenfall. Was da genau passiert ist, weiß niemand. Doch die Folgen sind unübersehbar: Der Mensch ist nicht mehr im Lot. Es geht ein Spalt durch sein Wesen. Ursprünglich gute Eigenschaften haben eine Schlagseite erhalten oder wurden ins Gegenteil verkehrt. Acht solche ursprünglich positive Eigenschaften zählen die Mönche auf, dazu gehören Essen, Trinken, Sexualität, Eigentum, Zorn, Stolz. All das kann ins Negative abgleiten.

Was ist dagegen zu tun? Die Antwort der Mönchsväter ist klar: an sich selber arbeiten. Dann kann der negative Aspekt dieser Eigenschaften nach und nach wieder eine positive Ausrichtung bekommen. Oder mit dem Bild eines Wüstenmönches: Man soll so lange mit der linken Hand arbeiten, bis man beide Hände gleich gut gebrauchen kann!

Für die Mönchsväter steckt hinter allen negativen Seiten unseres Charakters ein positiver Kern. Es geht

Iram non perficere.

*

Nicht im Zorn handeln!

*

Nüt i de Verrückti tue!

(Kap. 4, 22)

nicht darum, die negativen Seiten, die ein jeder hat, zu bekämpfen oder gar „abzutöten“, wie man das früher nannte. Vielmehr soll man an sich selber arbeiten, damit das Negative allmählich ins Positive verwandelt wird. Das geht nicht ohne Rückschläge und braucht viel Geduld. Aber jene, die diesen mühsamen Weg gehen, werden mild und barmherzig. Sie erlangen eine Sanftmut, die sich nicht nur auf die Menschen erstreckt, sondern auch auf die Pflanzen und die wilden Tiere, mit denen viele Heilige und Wüstenväter in echter Freundschaft verbunden waren.

12. VOM SCHEITERN

Jeder verdient eine zweite und dritte Chance!

Es gab damals und es gibt auch heute immer wieder Mönche, die das Kloster verlassen. Benedikt ist in diesem Punkt Realist. Er ordnet sogar an, dass man bei der Aufnahme eines Kandidaten dessen Zivilkleider aufbewahrt, falls er eines Tages die Gemeinschaft wieder verlassen sollte.

Denn das Kloster ist kein Gefängnis und der Mensch ist nicht programmierbar. Auch wenn dem endgültigen Ja zum Mönchsleben eine jahrelange Probezeit vorausgeht, liegt ein Scheitern im Bereich des Möglichen. Bis zu drei Mal soll man einen Mönch, der weggelaufen ist, wieder aufnehmen, sagt Benedikt.

Vielleicht hat er dabei das südländische Temperament vor Augen, wo Begeisterung und Enttäuschung oft schnell aufeinander folgen. Er wird auch an den Umgang Jesu mit Versagern gedacht haben: Trotz der Proteste des älteren Bruders wird der verlorene Sohn wieder ins Haus hineingelassen. Und dem Apostel Petrus, der seinen Herrn nach der Gefangennahme drei Mal verleugnet hat, spricht Jesus später drei Mal sein erneutes Vertrauen aus.

Es gibt verschiedene Gründe für einen Austritt. Der eine fühlt sich innerhalb der Klostermauern eingeengt. Die anfängliche Begeisterung ist verflogen und er fürchtet nun, sich im Kloster nicht recht entfalten zu können. Ein anderer kommt mit seiner Geschlechtlichkeit nicht zurecht und sehnt sich nach einer Partnerschaft. Vom Austritt erhofft er sich ein Ende der Probleme und die große Freiheit.

Es kann durchaus sein, dass einer draußen findet, was ihm im Kloster gefehlt hat. Das wird besonders dann der Fall sein, wenn der Kandidat beim Eintritt manches verdrängt hat. Deshalb ist bei der Aufnahme von Kandidaten große Sorgfalt anzuwenden. Wer eintritt, sollte möglichst reif und ausgeglichen sein. Sonst stellt sich bald Unzufriedenheit ein. Die Schuld für die Schwierigkeiten wird dann meist dem Kloster und den Mitbrüdern in die Schuhe geschoben, was teilweise auch zutreffen mag. Manch einer merkt aber nach seinem Weggang, dass er sich selbst überallhin mitnimmt. Auch außerhalb des Klosters bleibt einem die Arbeit an sich selber nicht erspart. Vielleicht beginnt sie dort erst richtig.

Frater qui egreditur de monasterio usque tertio recipiatur.

*

Ein Bruder, der austritt, soll bis zu drei Mal wiederaufgenommen werden.

*

Wänn eine 's Chloschter verloot, söll er bis drüü Mol wider chöne choo.

(Kap. 29, 3)

Ein Mönch, so erzählen die Wüstenväter, verließ sein Kloster, weil ihm seine Mitbrüder auf die Nerven gingen. Fortwährend hatte er nur Ärger und sah in ihnen ein Hindernis für seinen geistlichen Weg. Deshalb zog er in eine Einsiedelei, wo er ungestört leben konnte und endlich seine Ruhe hatte.

Das Wasser musste er bei einem weit entfernten Brunnen holen. Beim Tragen jedoch verschüttete er immer wieder etwas von dem wertvollen Nass. Darüber geriet er so in Zorn, dass er eines Tages den Krug derart heftig auf den Boden setzte, dass dieser zerbrach. Da kam er zu sich. „Jetzt weiß ich, wo das Problem liegt!“, sagte er. Und reumütig kehrte er in die Schar der Brüder zurück und bat sie um Verzeihung.

13. DAS ZUSAMMENLEBEN DER GENERATIONEN

Respekt als wesentliche Grundhaltung

Zur Frage des Zusammenlebens der verschiedenen Generationen sind schon viele Bücher geschrieben worden. Benedikt braucht dafür nur vier Worte: „Seniores venerare, iuniores diligere“. Das lateinische Verb „venerare“ hat die Bedeutung von „seine Ehrfurcht zeigen, verehren, anbeten, ehrfurchtsvoll begrüßen“. Benedikt zieht also den Hut vor den Alten und verneigt sich vor ihnen.

Er weiß, warum. Auch im Kloster ist es nicht einfach alt zu werden. Als junger Mönch hat man gearbeitet und fand darin lange Zeit Bestätigung und Identität. Wenn nun die Arbeit wegfällt, kann das Gefühl aufkommen, nichts mehr zu sein. Als Mönch geht man zwar nicht in Pension. Selbst im hohen Alter kann man sich hier und da noch nützlich machen. Doch einmal kommt der Moment, wo man schmerzlich alles aus der Hand legen muss.

Dann bleibt wenigstens noch das Gebet. Man hat nun viel mehr Zeit dafür als früher. Aber das Beten will in vielen Fällen nicht mehr recht gehen. Man ist müde und schweift ab. Der körperliche und mentale Abbau macht einem zu schaffen. Zudem fühlt man sich oft einsam, obwohl man doch in einer Gemeinschaft lebt. Die Jungen haben ja so viel zu tun, da will man ihnen nicht lästig fallen. „Man gehört jetzt halt zum alten Eisen", meinte ein betagter Mitbruder einmal etwas resigniert.

Die Älteren, die dem Kloster über Jahrzehnte treu gedient haben, sollen respektvoll behandelt werden, fordert Benedikt. Denn die Jungen können auf deren Arbeit weiterbauen. Jetzt, da ihr Leben zu Ende geht, verdienen sie Anerkennung und Dankbarkeit.

Was die Jungen betrifft, so heißt es kurz und bündig: „Iuniores diligere – die Jüngeren lieben". Die Römer kannten viele Worte für „lieben". Benedikt wählt daraus „diligere". Es bedeutet: „hochachten, hochschätzen, verehren, lieben". Da schwingt, wie schon bei den Älteren, die Haltung der Verehrung mit. Das überrascht vielleicht. Aber Benedikt schätzt die Jungen, weil sie von Gott angesprochen wurden und seinem Ruf gefolgt sind. Sie hätten ja andere Möglichkeiten gehabt, ihr Leben zu gestalten. Daher zollt er ihnen Respekt und Wertschätzung. Nicht zuletzt, weil Gott sie hie und da als Sprachrohr benützt.

Seniores venerare, iuniores diligere.

*

Die Älteren ehren, die Jüngeren lieben.

*

Reschpäkt vor den Alte, Verständnis
für di Junge.
(Kap. 4, 70–71)

„Iuniores diligere“ kann auch ganz einfach heißen: Die Jungen annehmen, wie sie nun einmal sind. Ihnen ohne Misstrauen und Besserwisserei begegnen. Sie einfach gernhaben und sie nicht für sich vereinnahmen. Daran denken, dass man selber einmal jung war. Dankbar sein, dass durch sie das Kloster weiterbestehen wird. Ihnen das Beste zutrauen. Und für sie beten.

14. EIN LOB DER ARBEIT

Wer nichts zu tun hat, kommt auf dumme Gedanken

Ob es zur Zeit Benedikts schon Puzzle oder Sudoku gegeben hat, weiß ich nicht. Aber Benedikt hätte solche Beschäftigungen dem Nichtstun sicher vorgezogen. Es graut ihm geradezu vor der Vorstellung, dass ein Mönch faul und träge herumsteht. Deshalb teilt er den Tagesablauf genau ein. Nicht nur Arbeit und Gebet sind geregelt. Auch Siesta und Lektüre haben ihren Platz. Denn Benedikt ist der Überzeugung, dass das Nichtstun ein Einfallstor dessen ist, was die alten Mönchsväter „Acedia" nannten. Man kann dieses Wort mit „Überdruss" oder etwas ordinärer mit „Stinker" übersetzen. Ist ein Mönch von der „Acedia" befallen, dann wird ihm rasch alles zuwider: Gebet, Arbeit, Lesung, Mitbrüder, Kloster, einfach alles.

Was hilft dagegen? Das Rezept der Wüstenväter

lautet: körperliche Arbeit. Heute würden wohl auch sportliche Aktivitäten als Heilmittel gelten.

In der Antike war die Handarbeit verpönt. Das war Sache der Sklaven. Für Benedikt jedoch hat sie einen hohen Stellenwert. Denn sie ist ein wirksames Mittel gegen die „Acedia" und ermöglicht es den Mönchen, von ihrer Hände Arbeit zu leben. Davon profitieren nicht nur sie selber, sondern auch die Gäste und die Armen, die an der Klosterpforte anklopfen.

Die Handarbeit hat noch einen anderen positiven Aspekt. Sie bietet ein ideales Umfeld für das „Wiederkäuen", wie es die Mönchsväter nannten. Gemeint ist damit das regelmäßige Wiederholen eines Bibelwortes. Dieses murmelt man leise vor sich her, bis es gut verdaut und verinnerlicht ist. Die Wüstenväter wussten, dass das Pferd als Nicht-Wiederkäuer ein schlechter Futterverwerter ist. Es nimmt das Gras auf und scheidet es halbverdaut wieder aus, sodass die Vögel in seinem Kot noch Körner finden.

Die Mönche aber nahmen sich die Rinder und Kamele zum Vorbild. Diese nämlich kauen und kauen, bis alle wertvollen Bestandteile aus dem Gras herausgeholt sind. Ähnlich soll man auch mit dem Wort Gottes umgehen: Unaufhörlich wiederholt man es im Rhythmus des Atems, bis man es sich ganz einverleibt hat. Ein solches fortwährendes „Wiederkäuen" führt zu einer großen Vertrautheit mit dem Wort Gottes. Einfache Hand- oder Garten-

Otiositas inimica est animae.

*

Müßiggang ist ein Feind der Seele.

*

Nüt tue tuet nit guet.

(Kap. 48, 1)

arbeit bietet sich für dieses meditierende Wiederholen geradezu an.

Heute nimmt die Arbeitsbelastung überall zu, selbst in den kontemplativen Klöstern, denn die Arbeit muss auf immer weniger Mönche verteilt werden. Das Problem ist allerdings nicht neu. Ein scheinbar gestresster Wüstenvater schrieb zum eigenen Trost: „Wer zu viel arbeitet, wird von *einem* Teufel gezwickt, vom Arbeitsteufel. Wer aber nicht arbeitet, den zwicken eine Vielzahl von Dämonen!" Darum wäre es nach Benedikt sicher besser, Puzzle zu spielen oder ein Kreuzworträtsel zu lösen, als träge herumzuhängen. Noch lieber aber sähe er die Mönche beim Lesen, welches bei Benedikt einen hohen Stellenwert einnimmt und dem er einen beträchtlichen Teil des Tages widmet.

15. FASTEN MIT MASS UND ZIEL

Denn es geht um die Einstimmung auf die Osterfreude

Nein, so schlimm wie auf dem Bild ist das Fasten im Kloster auch wieder nicht. Zwar gibt es Horrorgeschichten von Asketen, die sich zu Tode quälten, aber Benedikt lehnt solche Extreme ab. Für ihn ist die Fastenzeit eine Vorbereitung auf das Osterfest. Deshalb soll alles, was man auf sich nimmt, in dieser Vorfreude geschehen.

Was das Gebet betrifft, verlangt Benedikt in dieser Zeit nicht so sehr Quantität als Qualität. Es soll unter Tränen geschehen. Damit meint er wohl, dass es neben der gemeinsamen Rezitation der Psalmen Momente des persönlichen Gebets geben soll, das aus tiefstem Herzen kommt. Ein solches Gebet wird sicher eher kurz und spontan sein, aber es ist echter Ausdruck der persönlichen Beziehung zu Gott und der Ergriffenheit durch seine Gegenwart.

Was Essen, Trinken, Schlafen, Ausgelassenheit und Schwatzen betrifft, so soll man diese in der Fastenzeit etwas zurückstufen. Letztlich muss aber jeder selbst entscheiden, was für ihn das Richtige ist. Für einen heutigen Mönch, der regelmäßig bis tief in die Nacht hinein arbeitet, kann es durchaus auch heißen, in der Fastenzeit etwas früher als sonst ins Bett zu gehen. Benedikt verlangt nichts Außergewöhnliches. Für ihn steht das rechte Maß im Vordergrund. Mönche, denen das übliche Fastenprogramm zu gering erscheint und die noch zusätzliche Entbehrungen auf sich nehmen wollen, dürfen dies nur mit der ausdrücklichen Erlaubnis des Abtes tun. Damit will Benedikt jeder Übertreibung einen Riegel vorschieben.

Einst wollte ich dem lieben Gott eine besondere Freude machen und beschloss, beim Frühstück auf mein geliebtes Joghurt zu verzichten. Das an den Abt adressierte fromme Ansinnen kam postwendend zurück mit der Bemerkung, ich solle weiterhin mein Joghurt essen, dafür aber mit dem Abt anständiger umgehen. Tatsächlich hatten wir beide damals eine ziemlich heftige Auseinandersetzung. So hielt ich auf äbtlichen Befehl hin weiterhin an meinem Joghurt fest und versuchte mich stattdessen in Versöhnung mit dem Abt, was um einiges schwieriger war.

Diebus Quadragesimae aliquid augeamus
solito pensu.

*

In der Fastenzeit fügen wir unserer üblichen
Pflicht noch etwas hinzu.

*

I de Faschteziit söll mer sich no e chli meh
zämenäh als sunscht.
(Kap. 49, 5)

16. IN GEMEINSCHAFT LEBEN

Die Eigenheiten der anderen geduldig ertragen

Beim Heiraten kann man frei wählen, mit wem man sein Leben gestalten will. Wenn man jedoch ins Kloster eintritt, ist dem nicht so. Man findet eine vorgegebene Gemeinschaft vor, die man sich nicht selber ausgesucht hat. Das war bei der Apostelschar ähnlich. Jesus hat damals ganz verschiedene Männer in seine Nachfolge berufen, ohne sie zu fragen, ob ihnen die anderen passen oder nicht. Und so musste sich die bunt zusammengewürfelte Gesellschaft im Lauf der Jahre zuerst einmal zusammenraufen. Das ist im Kloster ähnlich.

Jeder bringt seinen Charakter und seine Vorgeschichte mit. Es ist von Vorteil, wenn einer seine ärgsten Kanten schon vor dem Eintritt abschleifen konnte. Denn das Zusammenleben im engen Rahmen des Klosters fordert. Da gibt es kein freies Weekend mit Menschen- und Tapetenwechsel. Tag für Tag betet und isst man gemeinsam und begegnet einander ständig in den langen Gängen des Klosters. Die Verschiedenheit kann aber auch eine Bereicherung sein. Ein Wüstenvater sagte einmal, im Kloster sei der Heilige Geist stärker gegenwärtig als in einer Einsiedelei, denn in der Gemeinschaft seien seine vielfältigen Gaben auf viele verschiedene Köpfe verteilt und nicht nur auf einen allein wie bei einem Eremiten.

Deshalb ist das Zusammenleben im Kloster auch faszinierend und spannend. Da leben die verschiedensten Altersstufen unter dem gleichen Dach, 20- bis über 90-jährige Akademiker und Handwerker, Priester und Laien, Künstler und Allrounder, Choralspezialisten und Naturjodler, alles ist da zu finden, alle stecken in der gleichen Kutte. Sie nehmen ihren Platz nicht nach dem akademischen Grad oder nach dem Alter ein, sondern nach dem Datum ihres Klostereintritts, mit Ausnahme des demokratisch gewählten Abtes und seiner beiden Stellvertreter.

Einmal im Monat treffen sich die Mönche, um vom Abt ein geistliches Wort zu hören und die aktuellen Anliegen und Probleme zu besprechen. Anschließend bittet man einander gegenseitig um Vergebung.

Denn es gibt auch im Kloster immer wieder Konflikte. Benedikt ist da Realist. Er weiß, dass nicht immer alles rund läuft und dass die Glut des An-

Infirmitates sive corporum sive morum
patientissime tolerant.

*

Die körperlichen und charakterlichen
Schwächen mit größter Geduld ertragen.

*

E Mordsgeduld ha mit de Eigeheite,
wo jede halt nun emol e so hätt.
(Kap. 72, 5)

fangs erkalten kann. Er rechnet sogar „mit böswilligen, ungehorsamen, arroganten und kritiksüchtigen Mönchen, die sich der Regel widersetzen und die für die Anordnungen der Vorgesetzten nur Verachtung zeigen“. Aus Verantwortung gegenüber der Gemeinschaft darf der Abt über solche Zustände nicht einfach hinwegsehen. Er muss handeln und nötigenfalls auch strafen. Aber, so warnt Benedikt, „er tue nicht zu viel des Guten, damit das Gefäß nicht zerbricht, wenn er den Rost allzu eifrig auskratzen will“. Er empfiehlt dem Abt, wie ein kluger Arzt vorzugehen. Entsprechend der Schwere der Erkrankung soll er die passenden Mittel wählen. Zuerst versuche er es mit lindernden Umschlägen (Ermahnungen), dann mit dem Ausbrennen (temporärer Ausschluss). Wenn das alles nichts nützt, nehme der Abt zu Hilfe, was mehr vermag, „nämlich seiner und aller Gebet, damit der Herr, der alles kann, die Heilung des kranken Bruders bewirke“. Wenn aber auch der liebe Gott nichts ausrichten kann, muss der Abt als allerletztes Mittel die Amputation anwenden (Ausschluss aus dem Kloster).

Oft hilft allerdings schon ein versöhnliches Gespräch, um einen Streit zu beenden oder um eine Kränkung wiedergutzumachen. Man soll es aber nicht auf den nächsten Tag verschieben, mahnt Benedikt, sondern noch vor Sonnenuntergang um Verzeihung bitten.

Das versuchte einer meiner Mitbrüder, dessen spitze Zunge die eher fehlende Körpergröße kompensierte. Er hatte den unantastbaren Choralgesang relativiert oder gar beleidigt und somit den heiligen Zorn unseres berühmten Choralmagisters auf sich gezogen. So klopfte er noch am gleichen Abend bei ihm an, um sich zu entschuldigen. Doch noch unter der Zellentüre fuhr ihm ein zorniges „Fahr ab, du Giftzwerg!" entgegen.

So kann es trotz der klaren Weisung Benedikts, noch am gleichen Abend Frieden zu schließen, selbst im Kloster angebracht sein, über eine Sache zuerst einmal ein wenig zu schlafen oder etwas Gras darüber wachsen zu lassen.

17. VERTRAUEN IST ZERBRECHLICH!

Blödes Lachen kann zerstören

Es gibt ein befreiendes Lachen. In jedem Kloster gibt es Brüder, die allein durch ihre Anwesenheit für gute Stimmung sorgen. So etwa Dichterlinge, die den Klosteralltag in Reime zu kleiden vermögen. Bei uns war es P. Joachim. Anlässlich einer aufs Gemüt drückenden Schlechtwetterperiode wandte er sich an den soeben verstorbenen spröden Mathematiker P. Pirmin mit folgenden Worten:

Lieber Pater Pirmin Vetter,
schick uns endlich gutes Wetter.
Du warst schon zu Lebenszeit
der Patron der Trockenheit.

Die ganz verschiedenen Charaktere, darunter vor allem die Originale, an denen es in einem Kloster nie fehlt, bieten immer wieder Anlass zum Schmunzeln. Für Benedikt ist es wichtig, dass im Kloster eine gute Atmosphäre herrscht. Wie er in seiner Regel betont, soll „im Haus Gottes niemand bedrückt sein".

Wenn er hier jedoch negativ über das Lachen spricht, dann hat er ein grobes, blödes Lachen vor Augen, das wie eine Walze alles einzuebnen vermag. Umberto Ecos Bestseller „Der Name der Rose" hat dieses Lachen zum Thema. Der erblindete Mönch Jorge von Burgos hütet in der Klosterbibliothek das weltweit letzte Exemplar der „Komödie" des Aristoteles, eine Abhandlung über das Lachen. Bruder Jorge lebt in ständiger Sorge, dass das Buch an die Öffentlichkeit gelangen könnte. Denn dann würde seiner Meinung nach die Ehrfurcht verschwinden und alles der Lächerlichkeit preisgegeben. Der Bibliothekar ist überzeugt: Wenn der Mensch die Angst vor dem Letzten Gericht verliert, dann ist der Untergang der Menschheit besiegelt. Jeder wird dann treiben, was er will. Um das zu verhindern, präpariert Bruder Jorge das Buch mit Gift. Nun muss jeder, der damit in Berührung kommt, sterben.

So dramatisch wird Benedikt das Lachen nicht eingestuft haben. Er spricht davon im Zusammenhang mit seiner Aufforderung, immer und überall in der Gegenwart Gottes zu leben. Das primitive Lachen kann den Menschen aus dieser Gottverbundenheit herausfallen lassen. Aber auch die mitbrüderlichen Beziehungen leiden unter dem unbeherrschten

Risum multum aut excessum non amare.

*

Nicht dauernd oder schallend lachen.

*

Nöd lache wien es Chalb.

(Kap. 4, 54)

oder spöttischen Lachen. Benedikt geht es in seiner Anweisung über das Lachen letztlich darum, im Kloster eine gute Atmosphäre zu fördern, die ein Verweilen in der Gegenwart Gottes und ein feinfühliges Miteinander ermöglicht.

18. DAS GEBET

Zeit für Gott und für sich selber

Ob wir Einsiedler Mönche beim gemeinsamen Gebet wirklich so dreinschauen, wie es Renato auf dem Bild darstellt? Gewiss, die Individualität jedes Einzelnen zeigt sich auch beim Singen und Beten. Selbst wenn alle das Gleiche singen, jeder tut es auf seine Weise, mit seinem Leib, seinem Mund und seinem Herzen.

Wenn die Glocke zum Gebet läutet, sollen die Mönche ihre Beschäftigung sofort abbrechen und in die Kirche eilen, mahnt Benedikt. Doch sie werden kaum auf einen Schlag von all dem abschalten können, womit sie sich noch kurz zuvor beschäftigt haben: Schularbeiten korrigieren, Honig schleudern, Exceltabelle ausfüllen, Brot schneiden, Orgel üben, Briefe schreiben, Schüler beaufsichtigen, Altpapier entsorgen, Badminton spielen, Beichte hören, Tisch decken, Rosenkranz beten, Opfergeld zählen, Zeitung lesen, Rad fahren, Kranke pflegen oder Predigt vorbereiten.

So wird auch die Stimmung eines jeden im Chorgebet ganz verschieden ausschauen: nervös, heiter, gelangweilt, zufrieden, abwesend, gestresst. All das hat im Gebet seinen Platz, vor allem im Gebet der Psalmen. Sie sprechen ganz ungeschminkt von den verschiedensten menschlichen Erfahrungen: von freudigen und leidvollen Ereignissen, von Reigentanz und Trauerliedern, von Gottes Nähe und Gottes Ferne.

Wenn ein Psalm der persönlichen Stimmung eines Mönchs im Moment überhaupt nicht entspricht, so weiß er doch, dass sich irgendwo auf der Welt ein Mensch gerade jetzt in dieser Situation befindet. Und so leiht der Mönch diesem Unbekannten seine Stimme und trägt dessen Anliegen vor Gott hin. Das verleiht dem Beten in der Abgeschiedenheit des Klosters eine universale Dimension.

Es gibt Zeiten, wo Herz und Stimme des Mönches völlig übereinstimmen und er sein Gebet mit Hingabe und Achtsamkeit verrichtet. Ein anderes Mal aber steht er ziemlich „neben den Schuhen". Er befindet sich zwar im Chorgestühl und singt Psalmen, doch sein Herz und seine Gedanken sind völlig woanders. Das ist menschlich. Das passiert auch bei anderen Beschäftigungen, besonders bei solchen, die monoton sind und regelmäßig wiederkehren.

Es kann sein, dass eine Mutter die Windeln ihres Babys einmal mit größter Hingabe und Achtsamkeit wechselt. Ein anderes Mal geht es ganz automa-

Sic stemus ad psallendum, ut mens nostra concordet voci nostrae.

*

Stehen wir beim Singen so, dass unser Herz im Einklang sei mit unserer Stimme.

*

E so bätten und singe, dass 's Härz und d' Schtimm zämepasset.

(Kap. 19, 7)

tisch. Hauptsache, das Baby ist gewickelt und sitzt wieder trocken.

Auch ein Mönch kann bei regelmäßig wiederkehrenden Tätigkeiten nicht immer ganz bei der Sache sein. Das gilt auch für das Gebet. Theresia von Lisieux wurde deswegen einmal von einer Mitschwester kritisiert. Nach dem Empfang der Kommunion, einem Moment also, wo eine Nonne besonders intensiv beten sollte, schlief sie regelmäßig ein. Zur Rede gestellt, verteidigte sich die Heilige mit dem Hinweis, dass auch Eltern nicht unglücklich sind, wenn ihre Kinder schlafen. In ähnlicher Weise werde auch der liebe Gott nichts dagegen haben, wenn sie nach der Kommunion einnicke.

Ist man beim Beten aber abgeschweift, so kann man sich jederzeit wieder in die Gegenwart Gottes hineinbegeben. Denn er ist immer da, auch wenn wir selber „anderswo“ sind.

19. FÜR EINEN GESUNDEN AUSGLEICH SORGEN

Und auf die eigenen Bedürfnisse achten

Der Bruder Cellerar ist für die Dinge des Alltags zuständig, für das Essen, die Werkzeuge, die Kleider etc. Er trägt aber auch die Verantwortung für eine gute Atmosphäre im Kloster. Deshalb soll er einen vorteilhaften Charakter besitzen, sagt Benedikt. Er soll weder hochmütig sein noch grob, weder geizig noch verschwenderisch. Er soll niemanden von oben herab behandeln oder unnötig warten lassen. Sofern er einem Bruder das Geforderte nicht geben kann, schenke er ihm wenigstens ein gutes Wort. Selbst unmögliche Wünsche darf er nicht schroff abweisen, sondern er soll seine Absage begründen.

Benedikts Anforderungen an den Cellerar sind hoch. Einer, der sich gewissenhaft danach richten will, wird an seine Grenzen stoßen. Im schlimmsten Fall kann das zu einem Burnout führen, besonders bei großer Verantwortung. Der oben abgebildete Cellerar ist nicht mehr weit davon entfernt.

Benedikt ist sich dieses Problems bewusst. Mitten in den Aufgabenkatalog des Cellerars fügt er einen unscheinbaren Satz ein: „Er gebe Acht auf seine Seele." Oder anders gesagt: Bei aller Sorge um die anderen darf der Verantwortliche die Sorge für sich selber nicht außer Acht lassen!

Das überrascht. In frommen Kreisen war oder ist man ja gern der Ansicht, christliche Nächstenliebe sei Hingabe bis zum Letzten. Das ist nicht die Meinung Benedikts. Der Cellerar soll seinen Aufgaben nachkommen, ohne selbst den inneren Frieden zu verlieren.

Benedikt gebraucht dafür ein Bild: Er vergleicht den Aufstieg zu Gott mit einer Leiter. Die einzelnen Sprossen stecken links und rechts in den Holmen. Die zwei Holme stehen für den Leib und für die Seele. Wenn ein Teil davon vernachlässigt wird, dann fällt die Leiter in sich zusammen. Da nützt alle Frömmigkeit und Askese nichts mehr. Deshalb erstreckt sich die Sorge Benedikts auf den ganzen Menschen, also auch auf den Leib: achtsam essen und trinken, Übertreibungen vermeiden, im Frieden mit sich selber leben.

Während die Mönche früher draußen auf dem Feld oder im Garten arbeiteten und der Körper nach

Animam suam custodiat.

*

Er gebe Acht auf seine Seele.

*

Er söll bi allem au no es bitzeli
a sich sälber dänke.
(Kap. 31, 8)

dem Tagwerk eine gesunde Müdigkeit verspürte, fehlt das heute weitgehend. Für den Leib jedoch sind das Atmen an der frischen Luft und der unmittelbare Kontakt mit der Natur äußerst wichtig, besonders als Ausgleich zur oft monotonen Schreibtischarbeit. Vernachlässigt der Mönch diese Komponente des Leibes, beginnt die Leiter bedrohlich zu schwanken.

Die Natur mit all ihrer Fülle sorgt dabei nicht nur für einen gesunden Ausgleich. Sie ist auch eine wertvolle Lehrmeisterin. Der Kirchenlehrer Bernhard von Clairvaux ermahnte einen Freund: „Du wirst einiges mehr finden in den Wäldern als in den Büchern. Holz und Stein werden dich Dinge lehren, die du von Professoren nicht hören kannst." Und das sagt einer der gelehrtesten Theologen des Mittelalters, der auf seinen ausgedehnten Reisen selbst sehr oft in der Natur unterwegs gewesen ist.

Wesentlich für den inneren Frieden jedes Einzelnen ist es auch, wie man im Kloster miteinander umgeht. Wenn einer am Abend frustriert ins Bett steigt, ist meist das Verhalten eines anderen daran schuld. Umgekehrt sind es sehr oft kleine Dinge wie ein freundliches Wort oder ein Lob, die zum inneren Frieden beitragen.

Das gilt auch für den Umgang mit den Vorgesetzten. Die Oberen sind nicht selten Prellböcke und Frustableiter. Bildhaft, wenn auch etwas salopp, hat unser hochgewachsener Internatsleiter P. Rupert, entnervt ob der beständigen Kritik von Seiten der Studentenschaft, einmal ausgerufen: „Ich bin en Pfohl, wo all dra saichet.“ Man braucht für dieses Bild keine besondere Vorstellungsgabe. Jeder Hund, der am Pfahl vorbeikommt, hebt kurz das Bein und lässt ein paar Tropfen fallen. Es ist zwar nur wenig auf einmal. Aber das Holz fängt von unten her langsam an zu faulen. Und eines Tages, zur allgemeinen Verwunderung, stürzt der Pfahl ein.

20. DEN TOD NICHT VERDRÄNGEN

Erst die Endlichkeit macht das Leben wertvoll

Benedikt erwartet nicht, dass jeder Mönch auf seinem Schreibtisch einen Totenkopf platziert. Aber er ruft auf, sich täglich den drohenden Tod vor Augen zu halten. Im Kloster Einsiedeln tun wir das allabendlich, wenn wir jener gedenken, die seit der Gründung des Klosters vor mehr als 1000 Jahren verstorben sind. Am Vorabend ihres Todestages werden ihre Namen vorgelesen. Dabei wird auch kurz erwähnt, welche Aufgabe sie im Kloster hatten und eventuell auch, woran sie gestorben sind.

Da kann es Überraschungen geben. So heißt es beim Mönch Diebold von Geroldseck, der am 11. Oktober 1531 verstorben ist: „Er fiel an der Seite Zwinglis in der Schlacht bei Kappel." Dieser Diebold war also zu den Protestanten übergelaufen und kämpfte auf Seiten des Reformators Zwingli! Sein konfessioneller Seitenwechsel hinderte die Einsiedler Mönche jedoch nicht daran, über die Jahrhunderte hinweg einmal jährlich für das Seelenheil ihres Mitbruders zu beten. Und dabei auch an das eigene Sterben zu denken.

So ist der Gedanke an den Tod im Kloster stets präsent. Vor allem dann, wenn ein Mitbruder im Sterben liegt. Tag und Nacht wacht dann jemand an seinem Bett. Auch die jüngeren Mönche werden für diesen Dienst eingeteilt, und so sind auch sie immer wieder mit dem Tod konfrontiert.

„Sich täglich den drohenden Tod vor Augen zu halten", wie Benedikt schreibt, ist negativ formuliert. Früher wurde in Predigten oft mit dem Tod gedroht. Dadurch wollte man die Sünder zur Umkehr bewegen. Der tägliche Gedanke an den Tod kann aber auch positiv gedeutet werden. In einem Brief an seine Nichte schrieb Papst Johannes XXIII.: „Jeden Tag an den Tod zu denken ist eine Art, sich mehr des Lebens zu freuen."

Das Wissen um den sicheren Tod kann eine starke Motivation sein, dankbar und bewusst zu leben. Achtsam zu sein für die Natur, für die Menschen, für das Neue, das jeder Tag mit sich bringt. Ein solches Leben kann auch in einem Kloster, wo rein äußerlich gesehen nicht viel läuft, zu einer hohen Lebensqualität führen.

Mortem cotidie ante oculos suspectam habere.

*

Sich täglich den drohenden Tod
vor Augen halten.

*

Dra dänke: 's chönnt jede Tag de letscht sii.
(Kap. 4, 47)

AUSKLANG

Ein letztes Wort aus der Regel Benedikts für alle, die noch zu später Stunde in diesem Buch lesen und ihren Wecker noch nicht gestellt haben:

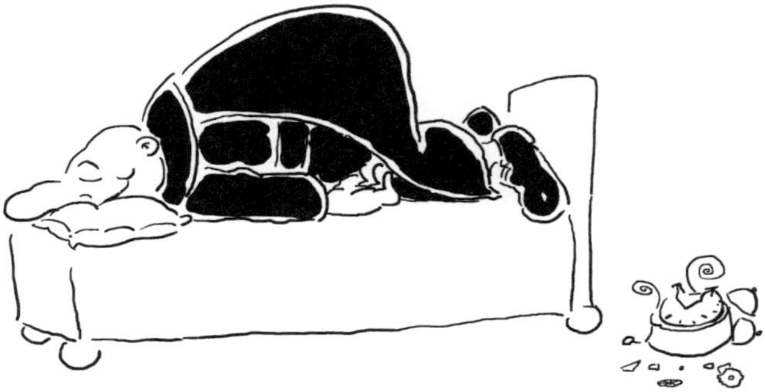

Facto signo absque mora surgentes.

*

Wenn das Zeichen ertönt,
stehen Sie unverzüglich auf!

*

Wänn 's lüütet,
söllet s' sofort us de Fäderen uus!
(Kap. 22)

Explicit regula.

*

Ende der Regel.

*

Jetzt hämmer's!